S0-CPD-172

TÍTULOS DE INGLÉS MARÍA GARCÍA

- Inglés de una Vez
- Aprende Inglés Deprisa
- 1000 Palabras Clave
- Inglés Móvil
- 100 Clases para Dominar el Inglés

- El Desafío del Inglés
- Inglés SMS
- Ciudadanía Americana
- Pronunciación Fácil: Las 134 Reglas del inglés Americano
- Inglés Para Hacer Amigos

- Inglés para Redes Sociales
- Inglés en la Escuela
- Inglés para Pacientes
- Habla Sin Acento
- Inglés de Negocios

- Inglés para Viajar
- Inglés para el Auto
- Aprende Inglés con los Famosos

Accede al contenido adicional del curso en
www.MariaGarcia.us

Curso de Inglés para Negocios, de la Teacher de Inglés

Fotografías de cubierta: © Designed by Freepik.
Fotografías de interior: © Dreamstime.

1ra. edición: Marzo de 2018. D.R. © 2018.
Derechos reservados de la presente edición en lengua castellana:
American Book Group

ISBN: 978-168-165-634-2
Library of Congress Control Number: 2018932595

Impreso en Estados Unidos

THE OFFICE

BUSINESS ENGLISH

Curso de Inglés
para Negocios

Accede al contenido adicional del curso en **www.MariaGarcia.us**

Dame tu opinión sobre este libro y recibirás gratis

UN CURSO DE PRONUNCIACIÓN PARA TU TELÉFONO

Envia un whats app con tu nombre a:

+1 (305) 310-1222

Apúntate gratis en **www.mariagarcia.us**

O escríbeme con tu nombre y dirección a:

MARIA GARCÍA. LIBRO AMIGO

P.O. BOX 45-4402

MIAMI, FL 33245-4402

¡GRACIAS POR APRENDER INGLÉS CON MIS LIBROS!

Introducción

¡Hola Amigos!

Muchos de ustedes trabajan en empresas en las que se usa el inglés como idioma principal. De ahí la necesidad que me transmitieron de crear un curso de inglés que se enfocara en las situaciones que ocurren en las empresas y ámbitos profesionales.

Lo primero que pensé es en cómo desarrollar un curso que fuera didáctico y muy entretenido. Nada mejor que una novela de acción, amor, celos y humor, que girase entorno a unos personajes que trabajan en una oficina en la que transcurre toda la acción del grupo.

Y pensé también en hacer un curso temático, con el que se pudiera aprender fácilmente y en su contexto las palabras y expresiones clave para cada actividad que tiene que ver con el día a día de una empresa. A lo largo de las 15 unidades del curso The Office – Business English se tratan 15 grandes temas en situaciones cotidianas de una empresa y en un entorno profesional.

Al concluir el curso, serás capaz de comunicarte cómodamente en un entorno profesional en inglés, así como mantener reuniones en este idioma y liderando negociaciones con éxito, manejar el "networking" profesional en inglés, vender a clientes en inglés, gestionar correctamente la atención al cliente y, en definitiva, sentirte seguro en inglés en las siguientes situaciones:

- Trabajo en equipo
- Atención al cliente
- Manejar reuniones con éxito
- El arte de la negociación en inglés
- Ferias internacionales
- Vender en inglés
- Publicidad y comunicación
- Marketing de servicios
- Colaboraciones freelance y outsourcing
- Formar parte de una corporación internacional
- Relaciones interpersonales con compañeros de trabajo
- Red de contactos internacional

Como en todos mis cursos, podrás escuchar los audios del curso en Internet, en la web del curso.

¡Bienvenido a mi curso "The Office – Business English"!

Con cariño,
María García
La teacher de inglés
www.mariagarcia.us

Índice

Unidad 1

The meeting / La reunión

En esta sección se practicarán expresiones utilizadas en reuniones de negocios.

Everyone is seated in the conference room as Rebecca enters.

The meeting / La reunión

En esta sección se practicarán expresiones utilizadas en reuniones de negocios.

Rebecca: Good morning, everyone!

Ryan, Tony, and Amy: Good morning!

Rebecca: As you know, we are in the introductory phase of a new partnership with "Fashion Magazine". We need to seize the opportunity to make a strong first impression. Amy, tell me you have something useful to contribute.

Amy: Yes, of course, Rebecca. My team's priority is to brainstorm with sales and marketing on a new line of products to present during "Hong Kong Fashion Week".

Rebecca: I hope you have something better to show than the last time, and that you make the due date for a change.

Ryan: You won't be disappointed, Rebecca! Amy has shown she can respond quickly to events as they come up.

(In a very flirtatious tone)

Rebecca: I don't think you could ever disappoint me, Ryan.

(Whispering to Ryan)

Tony: Well, this is an awkward situation.

Rebecca: Did you have something to add, Tony?

Tony: Um, no, I mean, yes! Let's transition back to our working environment...

Rebecca: Well, let's hear it...

Tony: My sales team has been working with Ryan's marketing team on a market analysis and a projection of market trends and sales forecasts for each of our business lines.

Rebecca: Ryan, handsome, anything to add?

Ryan: Yes, Rebecca. We are almost finished with the comprehensive marketing plan that Tony mentioned, that includes the new product line that Amy is working on. I will also send you the presentation for "Hong Kong Fashion Week" for your review. Since we have a lot going on right now, I suggest I send you a daily and weekly status report to keep you updated on our progress.

Rebecca: I couldn't agree more, Ryan.

Key words and expressions

Aprendamos vocabulario básico y expresiones usuales al mantener una reunión de negocios.

introductory phase of the project	*fase preliminar del proyecto*
partnering, partnership	*asociación, alianza*
sieze an opportunity	*aprovechar una oportunidad*
working environment	*entorno de trabajo / laboral*
schedule	*programa, plan, horario*
respond quickly	*responder rápidamente*
event	*acontecimiento, suceso, evento*
market trends and needs	*tendencias y necesidades del mercado*
weekly / daily reports of activities	*informes semanales / diarios de actividades*
priority	*prioridad*
to brainstorm	*aportar / proponer ideas*
due date	*plazo, fecha límite*
to agree	*estar de acuerdo*
awkward	*incómodo, embarazoso*

Have you finished next week's schedule?
¿Has terminado el programa/ plan de la semana que viene?

This new project is a top priority.
Este nuevo proyecto es una prioridad.

What´s the due date of that report?
¿Cuál es la fecha límite para dicho informe?

I´m brainstorming for tomorrow´s presentation.
Estoy proponiendo ideas para la presentación de mañana.

She always creates awkward situations.
Ella siempre crea situaciones incómodas.

Language in use

En esta sección se practicarán el uso de adverbios con el presente continuo y las posiciones de los adjetivos.

Presente continuo + always

El presente continuo con adverbios como "always" o "constantly" expresa la idea de que algo irritante o sorprendente sucede a menudo. "Always" o "constantly" se colocan entre "to be" y el "verbo + ing."

Rick **is always looking** for something to fix in his house.
Rick siempre está buscando algo que arreglar en su casa.

He **is constantly talking.**
Él está constantemente hablando.

I don't like them because they **are always complaining.**
No me gustan porque siempre se están quejando.

Un adjetivo puede aparecer en dos posiciones en una frase:

Antes de un sustantivo.	He enjoys telling **meaningless jokes.** *Le gusta contar chistes sin sentido.*
Después de los verbos "to be" (ser), "to look"/"to appear"/"to seem" (parecer), "to feel" (sentir), "to taste" (saber [de sabor]), "to smell" (oler) o "to sound" (sonar).	He **is young.** *Él es joven.* The office **looks empty.** *La oficina parece vacía.*

Exercises

Choose the correct answer to fill the gaps:

1) If he doesn´t come in the next 10 minutes, we _____ without him.
a) will start
b) started
c) would start

2) He _____ a manager when he was 25.
a) became
b) was becoming
c) has become

3) I have _____ your proposal and I´m impressed.
a) reviewed
b) reviewing
c) review

KEY
1)a; 2) a; 3) a.

The meeting / La reunión

Traducción.

Todo el mundo está sentado en la sala de reuniones cuando entra Rebecca.

Rebecca: ¡Buenos días a todos!
Ryan, Tony y Amy: ¡Buenos días!
Rebecca: Como ustedes saben, nos encontramos en la fase preliminar de una nueva asociación con ¨Fashion Magazine¨. Necesitamos aprovechar esta oportunidad para ofrecer una primera impresión sólida. Amy, dime que tienes algo útil que aportar.
Amy: Sí, por supuesto, Rebecca. La prioridad de mi equipo es proponer ideas conjuntamente con las secciones de ventas y marketing sobre una nueva línea de productos para presentar durante "La Semana de la Moda de Hong Kong¨.
Rebecca: Espero que tengas algo mejor que mostrar que la última vez y que cumplas los plazos, para variar.
Ryan: No quedarás decepcionada, Rebecca. Amy ha demostrado que sabe responder con prontitud a los asuntos que van surgiendo.
(En un tono muy coqueto)
Rebecca: Creo que nunca podrías decepcionarme, Ryan.
(Susurrando a Ryan)
Tony: ¡Qué situación tan incómoda!
Rebecca: ¿Tenías algo que añadir, Tony?
Tony: Eh..., no; quiero decir, ¡sí! Volvamos a nuestro entorno de trabajo...
Rebecca: Bueno, vamos a escucharlo...
Tony: Mi equipo de ventas ha estado trabajando con el equipo de marketing de Ryan en un análisis de mercado y una proyección de tendencias del mercado y previsiones de ventas para cada una de nuestras líneas comerciales.
Rebecca: Ryan, bello, ¿algo que añadir?
Ryan: Sí, Rebecca. Ya casi hemos acabado el plan de marketing global que Tony ha mencionado, que incluye la nueva línea de productos en la que Amy está trabajando. También te enviaré la presentación para "La Semana de la Moda de Hong Kong" y así la puedas revisar. Como en este momento tenemos mucho trabajo en curso, sugiero enviarte un informe diario y semanal para tenerte informada de nuestros avances.
Rebecca: No podría estar más de acuerdo, Ryan.

Unidad 2

Co-workers / Compañeros de trabajo

En esta sección se practicarán expresiones usadas entre compañeros de trabajo y el comportamiento ético en un entorno laboral.

Co-workers / Compañeros de trabajo

En esta sección se practicarán expresiones usadas entre compañeros de trabajo y el comportamiento ético en un entorno laboral.

Amy enters Tony's of ce and sees that Ryan is also there.

Amy: Hi, Ryan! Tony, did you get my email requesting January's sales figures? I also need to review some customer feedback from December with you.

Tony: No problem. Was it a customer complaint?

Amy: Well, a very important client of ours received the wrong order.

Tony: How about first thing tomorrow, okay? I have a few urgent obligations and responsibilities to finish today. Ryan and I were just discussing a different topic when you walked in: our colleague Tom, in Finance.

Amy: The one who got laid off?

Ryan: Actually, he was fired for unethical behavior.

Amy: What happened?

Tony: I guess some misappropriated funds were being investigated and Tom's carelessness made the bosses suspicious. He was evasive when they questioned him.

Amy: He always seemed so easy-going. I wonder what his circumstances are at home.

Ryan: He's doomed. The bank is foreclosing on his house because he hasn't paid the mortgage in months and they are holding him liable for the remaining balance!

Amy: So he resorted to stealing?

Tony: It looks like it, and he will be lucky if he doesn't end up in prison.

Key words and expressions

Aprendamos vocabulario básico y expresiones usuales en el entorno laboral.

client, customer	*cliente*
partner	*socio*
review	*revisión*
to join in	*participar en, unirse a*
obligations and responsibilities	*obligaciones y responsabilidades*
topics	*temas*
layoff	*despido*
fired, laid off	*despedido*
unethical behavior	*comportamiento no ético*
liable	*responsable*
to associate	*asociarse*
circumstance	*circunstancia*
to resort to	*recurrir a*
evasive	*evasivo*
mortgage	*hipoteca*
to question	*interrogar*

Our new client has a request.
Nuestro nuevo cliente tiene una petición.

You have a customer in your office.
Usted tiene un cliente en su oficina.

The demand for our shoes has dropped.
La demanda de nuestros zapatos se ha reducido.

My boss is really easy-going.
Mi jefe es muy afable.

She always has an issue with someone.
Ella siempre tiene un problema con alguien.

Language in use

En esta unidad practicaremos el uso de cuantificadores.

Uso de "a few" y "few", "a little" y "little".	
A few (con sustantivos contables) and **a little** (con sustantivos incontables) se usan para expresar poca cantidad, pero suficiente.	I have **a few** responsibilities (not many, but enough). *Tengo unas pocas responsabilidades (no muchas, pero suficientes).* She has **a little** money (she has enough to live on). *Ella tiene un poco de dinero (tiene lo suficiente para vivir).*
Few y **little** se usan para expresar poca cantidad, y, además, insuficiente.	**Fe**w people visited that fair (it had almost no visitors). *Pocas personas visitaron esa feria (no tuvo casi ninguna visita).* He had **little** time to review the report (almost no time). *Él tuvo poco tiempo para revisar el informe (casi no tuvo tiempo).*

Uso de "much", "many" y "a lot of".	
Much (con sustantivos incontables) y **many** (con sustantivos contables) se usan en oraciones negativas y en preguntas para expresar mucha cantidad.	I don't have **much** money. *No tengo mucho dinero.* There aren't **many** clients in the shop. *No hay muchos clientes en la tienda.*
Much y **many** también se pueden usar con **too**, **(not) so** y **(not) as**.	There were **too many** documents on the table. *Había demasiados documentos en la mesa.* It's a problem when there are **so many** people. *Es un problema cuando hay tanta gente.* There's not **so much** work to do this week. *No hay mucho (tanto) trabajo que hacer esta semana.*

Exercises

Choose the correct option to fill the gap:

1) Our employees ________________ our strongest asset.
a) are being
b) are
c) to be

2) We are happy. ________________ customers are satisfied with our service.
a) Few
b) A little
c) A lot of

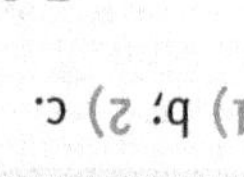

Amy entra en la o cina de Tony y ve que Ryan también está allí.

Co-workers / Compañeros de trabajo

Traducción.

Amy: ¡Hola, Ryan! Tony, ¿te llegó mi correo electrónico en el que te pedía información sobre las cifras de ventas de enero? También necesito revisar contigo algunos comentarios de un cliente desde diciembre.

Tony: No hay problema. ¿Era la queja de un cliente?

Amy: Bueno, un cliente nuestro muy importante recibió el pedido equivocado.

Tony: ¿Qué te parece si es lo primero que tratamos mañana? Tengo algunas obligaciones y tareas urgentes que terminar hoy. Ryan y yo estábamos hablando de otro tema cuando entraste: nuestro compañero Tom, de Finanzas.

Amy: ¿Aquel que despidieron?

Ryan: En realidad lo despidieron por comportamiento poco ético.

Amy: ¿Qué pasó?

Tony: Creo que se estaban investigando unos fondos malversados y la indiferencia de Tom hizo que los jefes sospecharan. Él se mostraba evasivo cuando le interrogaban.

Amy: Él siempre parecía muy tranquilo. Me pregunto cuáles son sus circunstancias en casa.

Ryan: Está condenado al fracaso. El banco se está quedando con su casa porque no ha pagado la hipoteca durante meses y tiene que hacer frente al saldo restante.

Amy: ¿Por eso recurrió al robo?

Tony: Parece que sí. Y tendrá suerte si no acaba en la cárcel.

Unidad 3

Sales and Customer Service / Ventas y Servicio al Cliente

En esta sección se practicarán expresiones utilizadas en ventas y atención al cliente por teléfono.

Tony and Jennifer, a customer, are speaking on the telephone.

Sales and Customer Service / Ventas y Servicio al Cliente

En esta sección se practicarán expresiones utilizadas en ventas y atención al cliente por teléfono.

Jennifer: Hello! I'm calling from Fancy Shop because I have a problem with an order that was just delivered. I wish I didn't have to resort to calling you, but the quality of your online support was a disappointment. This is surprising given the reputation of your company.

Tony: I appreciate your honest opinion. Your feedback is important to us, and will help us improve our customer experience. Can you please describe your issue to me?

Jennifer: I received a delivery this morning and I'm dissatisfied with the quality of the product.

Tony: I'm sorry to hear that. Let me gather some information so that I may help you.

(A brief pause)

Tony: I have tracked the shipment, and will address the issue with our manufacturer. We will send a new shipment to you from a local factory immediately. You should have it no later than tomorrow.

Jennifer: Thank you very much; I am impressed.

Tony: It is the least we can do for a valued client. I see that you have expanded into shoes as well. Might I interest you in reviewing our new line of shoes that compliment our clothing line?

Jennifer: Yes, that would make sense. Please send me out the entire line, and I may place an order for my stores.

Key words and expressions

Aprendamos vocabulario y expresiones usuales usadas al comunicarse vendedores y clientes.

English	Español
customer service / support	*atención al cliente*
to resort to	*recurrir a*
resources	*recursos*
opinion	*opinión*
skillful	*hábil*
improve	*mejorar*
reputation	*reputación*
quality	*calidad*
feedback / instant feedback	*feedback / comentarios*
online support	*asistencia en línea*
to gather information	*recopilar información*
effectiveness	*eficacia*
disappointment	*decepción*
to assess	*evaluar*
knowledge of the product	*conocimiento del producto*
pushy	*insistente*
convince	*convencer*
remarkable	*notable, estupendo*
to appreciate	*apreciar, agradecer*

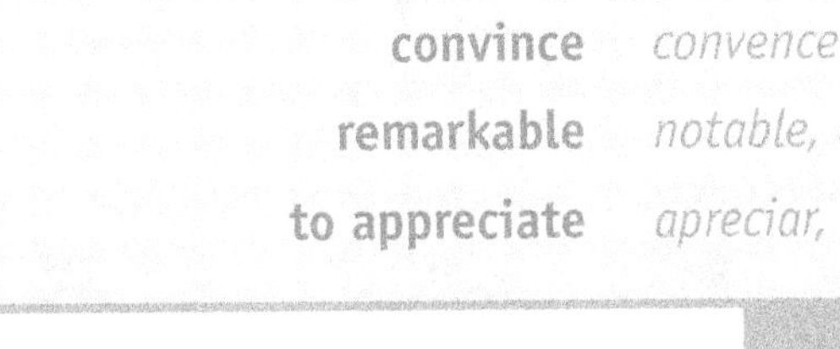

Your sister can be very persuasive.
Tu hermana puede ser muy persuasiva.

Have you analyzed his behavioral pattern?
¿Ha analizado su patrón de comportamiento?

Body language and tone of voice are key indicators.
El lenguaje corporal y tono de voz son indicadores clave.

We use many different techniques when working with customers.
Utilizamos muchas técnicas diferentes cuando se trabaja con los clientes.

Have you tried to relate to your client?
¿Ha tratado de ponerse en el lugar de su cliente?

Language in use

Expressing possibility / *Expresar posibilidad*

Para expresar posibilidad se pueden usar los verbos modales "may", "could" y "might". En los tres casos se expresa que la acción puede tener lugar, aunque con "might" la posibilidad es más remota.

I **may** place an order for my stores.
Puede que haga un pedido para mis tiendas.

She **may** come, but I don't really know.
Puede que ella venga, pero no lo sé realmente.

I **could** deliver the package tomorrow.
Puede que reparta el paquete mañana.

The quality of the online support **might** be a disappointment.
La calidad de la asistencia en línea puede que sea decepcionante.

Si la posibilidad es negativa se usa "not" tras los verbos modales.

He **may not** come to the meeting.
Puede que él no venga a la reunión.

It **might not (mightn't)** be a problem.
Puede que no sea un problema.

Exercises

Choose the correct question to get these answers:

1) I called customer support.
a) What is your area of expertise?
b) How did you fix your problem?
c) Does she have a good reputation?

2) They have a good reputation.
a) Why did you choose them?
b) Did they deliver the package?
c) What product do they sale?

Choose the correct option to fill the gap:

3) Online support was a __________ .
a) effective
b) disappointment
c) improvement

4) He __________ his opinion later.
a) has given
b) has been giving
c) will give

KEY
1) b; 2) a; 3) b; 4) c.

Tony y Jennifer, una clienta, están hablando por teléfono.

Sales and Customer Service / Ventas y Servicio al Cliente

Traducción.

Jennifer: ¡Hola! Le llamo de la Tienda Fancy porque tengo un problema con un pedido que acabo de recibir. Ojalá no hubiera tenido que llamarle, pero la calidad de su asistencia en línea ha sido decepcionante.

Tony: Le agradezco su sinceridad. Sus comentarios son importantes para nosotros y nos ayudarán a mejorar el trato con el cliente. ¿Podría describirme de qué se trata?

Jennifer: He recibido una entrega esta mañana y no estoy satisfecha con la calidad del producto.

Tony: Lamento escuchar eso. Permítame reunir información necesaria para poder ayudarle.

(Una breve pausa)

Tony: He realizado el seguimiento del envío y trataré el tema con nuestro fabricante. Realizaremos un nuevo envío para usted desde nuestra fábrica local inmediatamente. No debería recibirlo más tarde de mañana.

Jennifer: Muchas gracias. Estoy sorprendida.

Tony: Es lo menos que podemos hacer por una clienta apreciada. Veo que usted está ampliando su negocio a los zapatos también. ¿Le parecería interesante ver nuestra nueva línea de zapatos como complemento de nuestra línea de ropa?

Jennifer: Sí, me parece lógico. Por favor, envíeme la línea completa y puede que haga un pedido para mis tiendas.

Unidad 4

Freelance and Outsource / Trabajo como "freelance" y la subcontratación

En esta sección se practicarán expresiones utilizadas cuando se decide entre trabajar con un consultor "freelance" o subcontratar a un suministrador.

Amy has to make an important decision.

Freelance and Outsource / Trabajo como "freelance" y la subcontratación

En esta sección se practicarán expresiones utilizadas cuando se decide entre trabajar con un consultor "freelance" o subcontratar a un suministrador.

(Amy walks into Tony's office)

Amy: Tony, can I get your opinion on something?

Tony: Anytime. How can I be of help?

Amy: Well I'm trying to decide between developing our new product line in-house, or hiring a freelance designer or outsourcing it altogether. Our deadlines are tight and I'm afraid we would be burning the candle at both ends by trying to do everything ourselves.

Tony: Yes. The risk is that you won't make the deadline, and Rebecca will use that against you. Do you have some different options in mind?

Amy: Yes, I know an excellent freelance designer, who is fantastic at visualizing new products. I hope he is available. We are also working with a factory in the Dominican Republic, but I am having some production delays with them at the moment.

Tony: Well, why don't you discuss it with Ryan? He has sound judgment and is trustworthy.

Amy: Good idea! And just by talking it through with you I realize I prefer to collaborate with a freelancer and ensure a quality product, rather than outsource to a supplier I am having issues with. But this is an important decision, so I will get a second opinion from Ryan.

(Amy leaves Tony's office and walks across the hall into Ryan's office)

Amy: Hi, Ryan! Do you have a minute? I need to decide between developing the new line in-house, or collaborating with a freelance designer or outsourcing to our supplier in the Dominican Republic. What do you think I should do?

Ryan: Weren't you having some production delays with that factory in the Dominican Republic? I wouldn't outsource to them at this point. I heard they are having a lot of surprise government inspections due to ethical complaints the government is investigating.

Amy: Yes, it's true that I told them to double the production shifts due to delays, but I didn't know why they were having the delays! It looks like we need to find a new factory to partner with for outsourcing. That will take more time than I have right now with the new line to deliver. It looks like I will contact the freelance designer and see if he is available. Ryan, you always point me in the right direction!

Key words and expressions

Aprendamos vocabulario y expresiones usuales al contratar a un proveedor.

freelancer	*freelance, trabajador autónomo*
outsourcing	*subcontratación, tercerización*
hire	*contratar*
the deadlines are tight	*los plazos son ajustados*
to have in mind	*tener en mente / en cuenta*
available	*disponible*
to ensure a quality product	*asegurar un producto de calidad*
supplier	*suministrador*
to realize	*darse cuenta*
delay	*retraso*
shift	*turno*
to partner with	*asociarse con*
to save time and money	*ahorrar tiempo y dinero*
to get a second opinion	*tener una segunda opinión*
visualization	*visualización*
ethical behavior / issues	*comportamiento / cuestiones éticas*

Have you seen our new line of products?
¿Ha visto nuestra nueva línea de productos?

Who is coordinating the conference?
¿Quién está coordinando la conferencia?

I'm finished with my portfolio.
He terminado con mi portafolio.

I welcome any external ideas or opinions.
Doy la bienvenida a todas las ideas u opiniones externas.

Language in use

En esta sección aprenderemos las fórmulas para pedir y dar opiniones.

Para pedir o solicitar una opinión se pueden utilizar las siguientes estructuras:

What about...? *¿Qué tal si...?*	What about hiring a freelance designer? *¿Qué tal si contratamos a un diseñador freelance?*
What do you think (of)...? *¿Qué piensas/crees (de)...?*	What do you think I should do? *¿Qué crees que yo debería hacer?*
What's your opinion (on/about)...? *¿Cuál es tu opinión (de/sobre)...?*	What's your opinion on outsourcing? *¿Cuál es tu opinión sobre la tercerización/subcontratación?*
What's your position on...? *¿Cuál es tu postura sobre...?*	What's your position on this matter? *¿Cuál es tu postura sobre este asunto?*
Can I have/get your opinion on...? *¿Me puedes dar tu opinión sobre...?*	Can I get your opinion on something? *¿Me puedes dar tu opinion sobre algo?*

En cambio, para dar alguna opinión se pueden usar:

I think... *Creo/Pienso que...*	I think you can get a better job. *Creo que puedes conseguir un trabajo mejor.*
In my opinion... *En mi opinión...*	In my opinion, we should develop our own product line. *En mi opinión, deberíamos desarrollar nuestra propia línea de productos.*
From my point of view... *Desde mi punto de vista...*	From my point of view, it's a risk we have to take. *Desde mi punto de vista, es un riesgo que tenemos que correr.*

Exercises

Choose the right question to get this answer:

1) I´m a freelance designer.
a) Are you working tonight?
b) Where are you from?
c) What do you do for a living?

2) A new line of products.
a) Who was on the phone?
b) What are you working on?
c) Where was the meeting?

KEY

1) c; 2) b.

Amy tiene que tomar una decisión importante.

Freelance and Outsource / Trabajo como "freelance" y la subcontratación

Traducción.

(Amy entra en la oficina de Tony)

Amy: Tony, ¿me puedes dar tu opinión sobre algo?

Tony: Siempre. ¿En qué te puedo ayudar?

Amy: Bueno, estoy tratando de decidir entre desarrollar nuestra nueva línea de productos en la empresa, contratar a un diseñador "freelance" o encargarla totalmente a otra empresa. Nuestros plazos son ajustados y me temo que intentaríamos abarcar demasiado si tratamos de hacer todo nosotros mismos.

Tony: Sí, el riesgo es que tú no cumplas los plazos, y Rebecca lo utilizará contra ti. ¿Tienes otras opciones en la cabeza?

Amy: Sí, conozco a un diseñador "freelance" excelente, que es muy bueno visualizando nuevos productos. Espero que se encuentre disponible. Nosotros también trabajamos con una fábrica en la República Dominicana, pero en estos momentos estoy teniendo con ellos algunos retrasos en cuanto a la producción.

Tony: Bueno, ¿por qué no lo hablas con Ryan? Él tiene buen juicio y es de confianza.

Amy: ¡Buena idea! Hablándolo contigo me estoy dando cuenta de que prefiero colaborar con un trabajador "freelance" y asegurar un producto de calidad, antes que subcontratar a un suministrador con el que estoy teniendo problemas. Pero es una decisión importante, por lo que voy a contar con una segunda opinión; la de Ryan.

(Amy sale de la oficina de Tony y atraviesa la sala hasta entrar en la oficina de Ryan)

Amy: ¡Hola, Ryan! ¿Tienes un minuto? Necesito decidir entre desarrollar nuestra nueva línea en la empresa, contratar a un diseñador "freelance" o encargarla a nuestro suministrador en la República Dominicana. ¿Qué crees que debería hacer?

Ryan: ¿No estabas teniendo retrasos de producción con la fábrica de la República Dominicana? Yo no los subcontrataría en este momento. Tengo entendido que están teniendo muchas inspecciones gubernamentales por sorpresa debido a quejas de carácter ético que el gobierno está investigando.

Amy: Sí, es cierto que les pedí que doblaran los turnos de producción por los retrasos, ¡pero no sabía por qué estaban teniendo esos retrasos! Parece que necesitamos encontrar otra fábrica nueva con la que asociarnos para encargarles material. Eso llevará más tiempo del que tengo ahora con la nueva línea para entregar. Parece que contactaré con el diseñador "freelance" y ver si está disponible. Ryan, ¡tú siempre me sitúas en la dirección correcta!

Unidad 5

Teamwork / Trabajo en equipo

En esta sección se practicarán expresiones utilizadas en una reunión de negocios.

A fraught situation at the meeting.

Teamwork / Trabajo en equipo

En esta sección se practicarán expresiones utilizadas en una reunión de negocios.

Amy: Rebecca, my team has prepared several ideas for collaboration with "Fashion Magazine". Here is a detailed outline for each idea just as you requested.

Rebecca: This is not what I asked for! These ideas are not developed. I need a detailed business plan by Monday and I don't give grace periods or extensions. You are no exception to the rule.

(Hiding her frustration)

Amy: Yes, I understand, Rebecca.

Tony: Here are the latest sales projections you asked for.

(Rebecca puts the papers in her desk without looking at them)

Rebecca: Ryan, you are always dependable. What do you have for me?

Ryan: Our main focus in marketing right now is to align the overall marketing plan, given our new partnership with "Fashion Magazine", with our existing company vision and objectives. I was hoping to get your feedback on this.

Rebecca: You have my full attention on this, Ryan. I always encourage teamwork, and together we are stronger!

(Looking at Tony and Amy)

Rebecca: Why don't you two act more professional, and complete your assignments more thoroughly and on time? Tony, you need to be more assertive. Amy, your work leaves room for improvement, and it seems I just can't depend on you.

(After leaving the meeting)

Amy: I can't handle her rude demeanour and attitude!

Tony: I know. There is so much friction whenever we are all in the same room.

Key words and expressions

Aprendamos vocabulario y expresiones usuales usadas en el entorno de la empresa.

teamwork	*trabajo en equipo*
dependable	*de confianza / de fiar*
outline	*guión / resumen*
to encourage	*animar*
assertive	*firme / agresivo*
grace period	*período de gracia*
elaborate	*elaborar*
exception to the rule	*excepción a la regla*
attitude	*actitud*
task	*tarea*
demeanor	*conducta*
maintain	*mantener*
professionalism	*profesionalismo / profesionalidad*
to set goals and objectives	*establecer metas y objetivos*
to align the vision	*alinear la visión*
friction	*fricción*
conflict	*conflicto*

He nonchalantly walked back to his office.
Él tranquilamente regresó a su oficina.

I had to adhere to meet all of her demands.
Tenía que cumplir con todas sus demandas.

My sister is an overachiever.
Mi hermana es una persona competente/destacada/perfeccionista.

What is your biggest accomplishment?
¿Cuál es su mayor logro?

Here are your assignments for next week.
Aquí están sus encargos/tareas para la próxima semana.

Language in use

En esta sección trataremos un uso particular de los participios.

Participios usados como adjetivos

En inglés, como en español, hay muchos participios que pueden usarse como adjetivos. Para ello pueden utilizarse verbos tanto regulares como irregulares.

El adjetivo puede ser un participio pasado:

I need a **detailed** business plan.
Necesito un plan de negocios detallado.

She bought a **used** computer online.
Ella compró una computadora usada en internet.

Y también un participio presente (gerundio):

That was an **embarrassing** situation.
Fue una situación embarazosa.

It is a **confusing** matter.
Es un asunto confuso.

Exercises

Fill the gaps with the right option:

1) This is an ______________ matter.
a) annoyed
b) annoy
c) annoying

2) We ______________ goals and objectives at the meeting.
a) set
b) were talking
c) dealt

3) My working situation is ______________ .
a) worry
b) worried
c) worrying

KEY

1) c; 2) a; 3) c.

Una situación tensa en la reunión.

Teamwork / Trabajo en equipo

Traducción.

Amy: Rebecca, mi equipo ha preparado algunas ideas para la colaboración con "Fashion Magazine¨. Aquí hay un resumen detallado de cada idea, tal como solicitó.

Rebecca: ¡Esto no es lo que solicité! Estas ideas no están desarrolladas. Necesito un plan de negocios detallado para el lunes y no doy períodos de gracia ni ampliaciones de plazos. Tú no eres una excepción a la regla.

(Ocultando su frustración)

Amy: Sí, comprendo, Rebecca.

Tony: Aquí están las últimas proyecciones de ventas que solicitó.

(Rebecca pone los papeles en su escritorio sin mirarlos)

Rebecca: Ryan, siempre se puede confiar en ti. ¿Qué tienes para mí?

Ryan: Nuestra tarea principal en marketing en este momento es alinear el plan global de marketing, dada nuestra nueva asociación con "Fashion Magazine", con nuestra visión de empresa y objetivos actuales. Esperaba tener tus comentarios sobre este tema.

Rebecca: Cuentas con toda mi atención para ello, Ryan. Siempre fomento el trabajo en equipo, ¡y juntos somos más fuertes!

(Mirando a Tony y Amy)

Rebecca: ¿Por qué ustedes dos no actúan de manera más profesional y realizan sus tareas más minuciosamente y a tiempo? Tony, necesitas ser más enérgico. Amy, tu trabajo deja espacio para la mejora y parece que no puedo contar contigo.

(Después de salir de la reunión)

Amy: ¡No puedo con su actitud y su conducta grosera!

Tony: Lo sé. Hay demasiada fricción cada vez que estamos todos en la misma habitación.

Unidad 6

Dealing with conflict / Manejo de con ictos

En esta sección se practicarán expresiones relacionadas con el manejo de con ictos.

Dealing with conflict / Manejo de conflictos

En esta sección se practicarán expresiones relacionadas con el manejo de conflictos.

Amy is interested in knowing how Tony dealt with a problem at work.

(Having lunch in the cafeteria)

Amy: A designer quit today because of problems related to stress. I guess this new project stressed her out even more, and triggered some health problems.

Tony: What did she say?

Amy: She doesn't recognize herself anymore and she thinks she's not suitable for this job.

Tony: What do you think?

Amy: I thought offering more compensation would do the trick. I couldn't conceal my disappointment.

Tony: Yesterday was a test of my professionalism with a dissatisfied customer.

Amy: What happened? Was anyone to blame?

Tony: I don't want to bad-mouth anyone, so let's just say it's someone you know.

Amy: Did you resolve the issue? How did you guide the customer through the conflict?

Tony: Well you've heard the old saying, "the customer is always right". Being successful in a difficult market isn't easy for anyone. Everything must always be oriented towards the customer. Assess the situation and possible solutions, identify the customer's needs and tailor your strategy for each type of customer.

Amy: Sounds logical, and it works?

Tony: Yes. But first you must relieve the tension by vindicating the customer.

Amy: It sounds like you are great in difficult situations. My customer skills seem so unsophisticated compared to yours!

Tony: Now you know the importance of good conflict-resolution skills!

Key words and expressions

Aprendamos vocabulario y expresiones usuales utilizadas al tratar conflictos laborales.

to quit	*renunciar*
related to	*relacionado con*
to do the trick	*resolver el problema, arreglar la situación*
to conceal	*ocultar, esconder*
to guide a customer through a conflict	*orientar a un cliente en un conflicto*
to resolve an issue	*resolver un problema*
to assess the situation	*evaluar la situación*
to identify the customer's needs	*identificar las necesidades del cliente*
to relieve the tension	*aliviar la tensión*
(un/dis)satisfied	*(in)satisfecho*
to tailor	*adaptar, personalizar*
to vindicate (oneself)	*justificar(se)*
to trigger	*desencadenar, provocar*
to bad-mouth someone	*hablar mal de alguien*
to blame	*culpar*
to offer compensation	*ofrecer una indemnización*
networking skills	*habilidades sociales*
to achieve success	*alcanzar el éxito*

We get all types of customers here.
Tenemos todo tipo de clientes aquí.

He tried to conceal his anger.
Trató de ocultar su enojo.

One more presentation should do the trick.
Una presentación más debe resolver el problema.

Is she suitable for the position?
¿Es adecuada para el puesto?

Language in use

En esta sección trataremos algunas funciones del gerundio.

Usos del gerundio (infinitive + ing)

La forma de gerundio se utiliza cuando un verbo funciona como **sujeto** o como **objeto** de una oración o cláusula:

Being successful in a difficult market isn't easy.
Tener éxito en un mercado difícil no es fácil.

The boss says that **working** too many hours is not necessarily a good thing.
El jefe dice que trabajar demasiadas horas no es necesariamente bueno.

Her favorite hobby is **reading.**
Su hobby favorito es leer.

La forma "-ing" se usa también cuando un verbo sigue a una **preposición** (salvo la preposición "to" en la mayoría de los casos):

You should relieve the tension **by vindicating** the customer.
Deberías aliviar la tensión justificando al cliente.

They left **without saying** "Goodbye".
Se fueron sin decir "Adiós".

They apologized **for being** late.
Ellos se disculparon por llegar tarde.

Exercises

Fill the gaps with the right option:

1) My techniques are old-fashioned compared ____________ his.
a) with
b) to
c) for

2) Ryan will be ________ charge of all the technical aspects.
a) to
b) for
c) in

3) We ____________ up with a new structure.
a) came
b) brought
c) gave

KEY
1) b; 2) c; 3) a.

Dealing with conflict / Manejo de conflictos

Traducción.

Amy está interesada en saber cómo Tony manejó un problema en el trabajo.

(Almorzando en la cafetería)

Amy: Una diseñadora renunció hoy a causa de problemas relacionados con el estrés. Supongo que este nuevo proyecto la estresó aún más y desencadenó algunos problemas de salud.

Tony: ¿Qué dijo?

Amy: Ya no se reconoce a sí misma y piensa que no es adecuada para este trabajo.

Tony: ¿Qué piensas tú?

Amy: Pensaba que ofrecer una indemnización superior resolvería el problema. No podía ocultar mi decepción.

Tony: Ayer fue una prueba de mi profesionalidad con un cliente insatisfecho.

Amy: ¿Qué ocurrió? ¿Quién tuvo la culpa?

Tony: No quiero hablar mal de nadie, así que digamos que lo conoces.

Amy: ¿Resolviste el tema? ¿Cómo guiaste a tu cliente a través del conflicto?

Tony: Bueno, conoces el viejo dicho "el cliente siempre tiene la razón". Alcanzar el éxito en un mercado difícil no es fácil para nadie. Todo debe estar siempre orientado hacia el cliente. Evaluar la situación y las posibles soluciones, identificar las necesidades del cliente y adaptar tu estrategia para cada tipo de cliente.

Amy: Parece lógico. ¿Y eso funciona?

Tony: Sí. Pero primero hay que aliviar la tensión justificando al cliente.

Amy: Parece que se te da muy bien moverte en terrenos difíciles. Mis habilidades con el cliente parecen muy simples en comparación con las tuyas.

Tony: ¡Ahora conoces la importancia de las buenas técnicas de resolución de conflictos!

Unidad 7

Marketing and Advertising / Marketing y Publicidad

En esta sección se practicarán expresiones utilizadas cuando se habla de marketing y publicidad en una reunión.

Preparing a marketing plan and advertising proposals for a new line of products.

Marketing and Advertising / Marketing y Publicidad

En esta sección se practicarán expresiones utilizadas cuando se habla de marketing y publicidad en una reunión.

Ryan: Rebecca, I'd like to present the progress we are making with the marketing plan and advertising proposals for our new line of products. We are aligning our brand identity with our target market, given the collaboration with Fashion Magazine.

Tony: Yes, we have also been interviewing some key advertising agencies, and they are developing proposals based on the marketing plan we have presented. What I have seen so far looks promising.

Rebecca: Well, Tony, you know the deadline we are working under. What is the timeline for having the marketing plan finalized, and these advertising proposals ready?

Ryan: The marketing plan only needs a few minor adjustments based on the latest sales figures and projections we have received. I am also including cutting-edge marketing research. I should have it for you by Friday.

Rebecca: As always, you impress me, Ryan. I look forward to a personal presentation of the marketing plan on Friday. And Tony, what do you have budgeted for these advertising agencies? They sound expensive.

Tony: Well, they are the best in the business, and it will be an investment that will pay for itself in increased sales. Our brand identity will be clearer and our relationship with our target market will be stronger, which will impress Fashion Magazine.

Rebecca: It had better, or it will come out of your bonus. Amy, you haven't had much to say as usual. What about product development and our deadlines? Is everything running on schedule?

Amy: Um, yes, it should be. I mean, yes, of course, Rebecca.

Rebecca: You don't convince me Amy. See that I don't get any surprises before Fashion Week in Hong Kong.

Key words and expressions

Aprendamos vocabulario y expresiones relacionadas con un plan de marketing.

marketing	*mercadeo, marketing*
advertising	*publicidad*
brand	*marca*
target market	*mercado (objetivo)*
promising	*prometedor*
timeline	*cronograma*
adjustment	*ajuste*
based on	*basado/a en*
sales figures	*cifras de ventas*
cutting-edge	*innovador*
research	*investigación, estudio*
to budget	*presupuestar*
investment	*inversión*
to increase sales	*aumentar las ventas*
bonus	*bonificación, gratificación, extra*
to run on schedule	*cumplir / seguir el programa*
to convince	*convencer*

A big budget is not essential for a successful campaign.
Un gran presupuesto no es esencial para una campaña exitosa.

Are you implementing this point in your plan?
¿Está usted implementando este punto en su plan?

Her arguments were very persuasive.
Sus argumentos fueron muy convincentes.

We need to make a list of objectives.
Tenemos que hacer una lista de objetivos.

Have you finished the marketing plan?
¿Ha terminado el plan de marketing?

Language in use

En esta sección trataremos el adverbio "so far" y un uso particular de la preposición "by".

Las expresiones temporales con "so far" y "by ...."	
El adverbio "**so far**" se usa como equivalente de "hasta ahora", "hasta este/ese momento" o "hasta entonces" para expresar que una acción ha tenido lugar hasta un preciso momento.	What I have seen **so far** looks promising. *Lo que he visto hasta ahora parece prometedor.* We have learned a lot of things **so far**. *Hemos aprendido mucho hasta ahora.* He works in a different department and I haven't seen him **so far**. *Él trabaja en un departamento diferente y no lo he visto hasta ahora.*
La preposición "**by**" se usa junto a un momento, día, mes, etc., para indicar que la acción ha debido transcurrir previamente a dicho momento.	I should have the schedule **by** Friday. *Yo debería tener el programa para el viernes (como fecha límite).* They will have come back home **by** 6 o'clock. *Ellos habrán vuelto a casa para las 6 en punto.* **By** the year 2020 the situation will have improved. *Para el año 2020 la situación habrá mejorado.*

Exercises

Choose the incorrect option to fill the gap:

1) The marketing plan should be presented ________ Wednesday.
a) by
b) on
c) at

Choose the correct option to fill the gap:

2) Which company do you work ____________?
a) -
b) at
c) for

3) We are working __________ a deadline.
a) over
b) under
c) off

4) We have no relationship ________ that company.
a) for
b) to
c) with

KEY

1) c; 2) c; 3) b; 4) c.

Marketing and Advertising / Marketing y Publicidad

Traducción.

Preparando un plan de marketing y propuestas de publicidad para una nueva línea de productos.

Ryan: Rebecca, me gustaría exponer el progreso que estamos haciendo con el plan de marketing y las propuestas de publicidad para nuestra nueva línea de productos. Estamos alineando nuestra identidad de marca con nuestro mercado objetivo, dada la colaboración con "Fashion Magazine".

Tony: Sí, también hemos estado entrevistando a algunas agencias de publicidad importantes y están desarrollando propuestas basadas en el plan de marketing que hemos presentado. Lo que he visto hasta el momento parece prometedor.

Rebecca: Bueno, Tony, tú sabes la fecha límite con la que trabajamos. ¿Cuál es el cronograma para tener el plan de marketing ultimado y estas propuestas de publicidad preparadas?

Ryan: El plan de marketing sólo necesita unos pequeños ajustes, basados en las últimas cifras y proyecciones de venta que hemos recibido. También estoy incluyendo estudios de mercado innovadores. Debería tenerlo para ustedes el viernes.

Rebecca: Como siempre, me impresionas, Ryan. Espero una presentación personal del plan de marketing el viernes. Y Tony, ¿qué has presupuestado para estas agencias de publicidad? Parecen caras.

Tony: Bueno, son las mejores del mercado y será una inversión que se pagará con el aumento de ventas. Nuestra identidad de marca será más clara y la relación con nuestro mercado será más sólida, lo que impresionará a "Fashion Magazine".

Rebecca: Así debería ser, o saldrá de tu bonificación. Amy, no has tenido mucho que decir, como es habitual. ¿Cómo va el desarrollo del producto y nuestras fechas límite? ¿Va todo según el programa?

Amy: Eh..., sí, debería ir. Quiero decir, sí, por supuesto, Rebecca.

Rebecca: No me convences, Amy. Mira que no tenga ninguna sorpresa antes de ir a la Semana de la Moda en Hong Kong.

Unidad 8

Successful Communication / Comunicación exitosa

En esta sección se practicarán expresiones frecuentes utilizadas en el trabajo de o cina.

A change of plans.

Successful Communication / Comunicación exitosa

En esta sección se practicarán expresiones frecuentes utilizadas en el trabajo de oficina.

Rebecca: I called this meeting today to communicate a change of plans. The due date for the presentation of our new product line must be moved forward by one month.

Ryan: One month? We'll have to reschedule all of our deadlines?

Rebecca: Yes. I can tell by your reaction that this news is not welcome. This will be challenging, but I know that you will be able to rise to the occasion.

Amy: Well, I believe you are effectively communicating this change of timeline.

Tony: Yes, I'm sure you have tried every other possibility.

Rebecca: I would like you all to work on a new timeline and present it to me first thing tomorrow morning. Any problems, this will be the time to bring them up and we can exchange ideas to solve them.

Ryan: Yes, let's come in with solutions and not problems!

Rebecca: I will see you all bright and early tomorrow morning. Now, let's get back to work!

Key words and expressions

Aprendamos vocabulario y expresiones relacionadas con la programación de actividades en la oficina.

to call a meeting	*convocar una reunión*
a change of plans	*un cambio de planes*
to move forward	*adelantar*
to reschedule	*reprogramar*
due date	*plazo, fecha límite*
challenging	*desafiante, exigente*
reactions to the news	*reacciones a la noticia*
to rise to the occasion	*estar a la altura de las circunstancias*
effective	*eficaz, efectivo*
to exchange ideas	*intercambiar ideas*

Your recommendations and suggestions are welcome.
Sus recomendaciones y sugerencias son bienvenidas.

Can we reschedule for tomorrow?
¿Podemos reprogramar para mañana?

There has been a change of plans.
Ha habido un cambio de planes.

What is the due date for this assignment?
¿Cuál es la fecha límite para esta tarea?

Language in use

En esta sección aprenderemos el uso de los adverbios de modo.

Los adverbios de modo nos indican cómo ocurre una acción. Normalmente van colocados detrás del verbo principal o del objeto (si lo hay).

She spoke **loudly/aggressively.**
Ella habló alto/de una manera agresiva.

I understand English **well.***
Entiendo bien el inglés.

* Es un error colocar el adverbio entre el verbo y el objeto, no siendo correcto decir: "I understand **well** English".

A veces los adverbios de modo se colocan delante del verbo principal, con la idea de aportar énfasis a la acción, o igualmente pueden colocarse al principio de la frase por otros motivos estilísticos, como captar la curiosidad.

I believe you are **effectively** communicating this change.
Creo que estás comunicando eficazmente este cambio.

Slowly she entered the hall and stole the documents.
Lentamente entró en la sala y robó los documentos.

Exercises

Choose the right option to fill the gaps:

1) You can bring the problem ___________ and we'll exchange ideas.
a) off
b) up
c) under

2) I can tell ___________ your reaction this is good news.
a) by
b) of
c) in

3) I knew you would be able to ________________ to the occasion.
a) rise
b) raise
c) rice

4) He's interested ______________ learning a new language.
a) on
b) at
c) in

KEY

1) b; 2) b; 3) a; 4) c.

Successful Communication / Comunicación exitosa

Traducción.

Un cambio de planes.

Rebecca: Convoqué esta reunión hoy para tratar un cambio de planes. El plazo para la presentación de nuestra nueva línea de productos debe adelantarse un mes.

Ryan: ¿Un mes? ¿Tendremos que reprogramar todos nuestros plazos?

Rebecca: Sí. Puedo ver por sus reacciones que esta noticia no es bienvenida. Será algo exigente, pero sé que ustedes podrán estar a la altura de las circunstancias.

Amy: Bueno, creo que usted está comunicando eficazmente este cambio de cronograma.

Tony: Sí, estoy seguro de que ha intentado cualquier otra posibilidad.

Rebecca: Me gustaría que todos trabajasen en un nuevo cronograma y me lo presenten a primera hora de la mañana. En caso de que haya problemas, será el momento de sacarlos e intercambiaremos ideas para resolverlos.

Ryan: Sí. ¡Entremos con soluciones y no con problemas!

Rebecca: Los veré a todos mañana a primera hora. ¡Ahora volvamos al trabajo!

Unidad 9

Planning a trip I / Planificación de un viaje I

En esta sección se practicarán expresiones utilizadas en la plani cación de un viaje.

Rebecca is planning a trip to Hong Kong and wants Tony to arrange it.

Planning a trip I / Planificación de un viaje I

En esta sección se practicarán expresiones utilizadas en la planificación de un viaje.

(Rebecca and Tony are speaking via videoconference)

Rebecca: I asked for this videoconference because I need you to arrange my trip to Hong Kong for Fashion Week and I don't have time to organize it since I am out of town on a business trip.

Tony: Why me?

Rebecca: Well, you know all of our clients, so you can set up the meetings personally. And you are already finished with your part of the project.

Tony: Well, I'm good at receiving orders from my supervisor. What do you need?

Rebecca: I sent you an email with a list of all of the clients I need to set up meetings with. I also need you to book my flight, hotel and arrange for a car and driver. Can I count on you?

Tony: Can I delegate any part of this to anyone?

Rebecca: I need you to set up the meetings with the clients. Make sure I have enough time with each client, and to get from meeting to meeting. Amy could probably handle booking the flight, hotel and car.

Tony: Anything else you need me to do?

Rebecca: Yes. Ryan will be coming with me, so you will need to plan the trip for two people. We can videoconference again tomorrow morning to finalize the details.

Key words and expressions

Aprendamos vocabulario y expresiones relacionadas con los viajes de negocios.

to arrange	*organizar / realizar los trámites*
to organize	*organizar*
since	*ya que, puesto que, porque*
to be out of town	*estar fuera de la ciudad*
on a business trip	*de / en viaje de negocios*
to set up a meeting	*fijar / programar una reunión*
to make sure	*asegurarse*
to book	*reservar*
to count on someone	*contar con alguien*
to delegate	*delegar*
to handle	*encargarse, ocuparse*
to finalize the details	*ultimar los detalles*

How was your business trip?
¿Cómo fue tu viaje de negocios?

She will be out of town this weekend.
Ella va a estar fuera de la ciudad este fin de semana.

I have a videoconference this afternoon.
Tengo una videoconferencia esta tarde.

Can you handle booking a hotel room, please?
¿Te puedes encargar de reservar una habitación de hotel, por favor?

Language in use

En esta sección practicaremos un tipo de modelos verbales (verb patterns).

Modelos de verbos: verbo + objeto + to + infinitivo

En inglés existe una serie de verbos que pueden acompañar a un pronombre objeto seguido de infinitivo con "to", para mostrar que esta persona (pronombre objeto) es la que realiza la acción mostrada con el infinitivo. En español este segundo verbo suele ser subjuntivo.

Verbos que pertenecen a este grupo son, entre otros: **advise** (*aconsejar*), **allow** (*permitir*), **ask** (*pedir*), **expect** (*esperar*), **want** (*querer*), **encourage** (*animar*), **invite** (*invitar*), **persuade** (*convencer*), **need** (*necesitar*) o **tell** (*decir*).

She **asked me to give** her some advice.
Me pidió que la aconsejara.

They **told us to go** there but we didn't.
Nos dijeron que fuéramos allí pero no lo hicimos.

The boss **encouraged his employees to work** more.
El jefe animó a sus empleados a que trabajaran más.

They **needed me to arrange** their trip to Hong Kong.
Ellos necesitaban que les organizara el viaje a Hong Kong.

Exercises

Choose the correct option to fill the gaps:

1) I want to set _____ meetings with some customers.
a) in
b) up
c) down

2) I'm going ______ a business trip.
a) in
b) on
c) from

3) They are very good ________ arranging trips.
a) for
b) at
c) in

KEY

1) b; 2) b; 3) b.

Planning a trip I / Planificación de un viaje I

Traducción.

Rebecca está planeando un viaje a Hong Kong y quiere que Tony lo organice.

(Rebecca y Tony están hablando por videoconferencia)

Rebecca: Solicité esta videoconferencia porque necesito que planifiques mi viaje a Hong Kong para la "Semana de la Moda" y yo no tengo tiempo para organizarlo porque estoy fuera de la ciudad en viaje de negocios.

Tony: ¿Por qué yo?

Rebecca: Bueno, tú conoces a todos nuestros clientes, por lo que puedes convocar las reuniones personalmente. Y ya has terminado con tu parte del proyecto.

Tony: Bueno, se me da bien recibir órdenes de mi supervisora. ¿Qué necesita?

Rebecca: Te envié un correo electrónico con la lista de todos los clientes con los que necesito tener reuniones. También necesito que me reserves el vuelo, el hotel y acuerdes un auto con conductor. ¿Puedo contar contigo?

Tony: ¿Puedo delegar alguna tarea en alguien?

Rebecca: Necesito que establezcas las reuniones con los clientes. Asegúrate de que tenga tiempo con cada cliente y para llegar de reunión a reunión. Amy probablemente podría ocuparse de la reserva del vuelo, el hotel y el auto.

Tony: ¿Necesita usted que haga algo más?

Rebecca: Sí. Ryan vendrá conmigo, así que tendrás que planificar el viaje para dos personas. Podemos tener una videoconferencia de nuevo mañana por la mañana para ultimar los detalles.

Unidad 10

Planning a trip II / Planificación de un viaje II

En esta sección se practicarán expresiones utilizadas en la plani cación de un viaje.

Tony and Ryan are talking about the details of Ryan's trip to Hong Kong.

Planning a trip II / Planificación de un viaje II

En esta sección se practicarán expresiones utilizadas en la planificación de un viaje.

Tony: Do you have a minute? I would like to discuss the final details of your business trip with you.

Ryan: Will we be flying to Hong Kong with no layovers?

Tony: It was impossible. I made you a reservation in business class on United Airlines to Hong Kong via Seattle, and from there it´s a direct flight.

Ryan: What type of hotel and rooms do we have?

Tony: You're staying in an executive suite at a five star hotel. I was able to upgrade you!

Ryan: What about transportation once we get there?

Tony: The hotel will provide a car and driver as needed.

Ryan: Will we have company credit cards?

Tony: Yes, so you will put everything, including meals, on the credit card and won't have to deal with reimbursements.

Ryan: Do we need to take any samples with us?

Tony: No. We already took care of that. We are shipping them in advance to the hotel. They will be there when you check in.

Key words and expressions

Aprendamos vocabulario y expresiones relacionadas con la organización de un viaje.

layover	*escala*
direct flight	*vuelo directo*
to make a reservation	*hacer una reservación*
transportation	*transporte*
to provide	*ofrecer, proporcionar*
five star hotel	*hotel de cinco estrellas*
to upgrade	*subir de categoría, mejorar*
reimbursement	*reembolso*
sample	*muestra*
to take care of	*ocuparse de*
to ship	*enviar, remitir*
in advance	*por adelantado*
to check in	*registrarse (en un hotel)*
destination	*destino*
discount	*descuento*

You are in first class for this flight.
Usted está en primera clase para este vuelo.

I have two connecting flights.
Tengo dos vuelos de conexión.

We are staying in the executive suite.
Estamos alojados en la suite ejecutiva.

I need to make a reservation in advance.
Necesito hacer una reservación por adelantado.

Language in use

En esta sección aprenderemos un uso particular de los nombres o sustantivos.

El uso de nombres como adjetivos

En inglés se pueden usar nombres como adjetivos, pero, como todos los adjetivos, han de aparecer en singular aunque vengan acompañados de un número.

This hotel has **five stars.**
Este hotel tiene cinco estrellas.

This is a **five-star** hotel.
Es un hotel de cinco estrellas.

We went on **a three-week** excursion to the Alps.
Fuimos a una excursión de tres semanas a los Alpes.

They had **a three-way** call.
Tenían una llamada a tres bandas.

I'm reading a **200-page** book.
Estoy leyendo un libro de 200 páginas.

I have **45-minute** classes.
Yo tengo clases de 45 minutos.

Exercises

Choose the correct option to fill the gaps:

1) We will put everything __________ the credit card.
a) on
b) in
c) to

2) You won't have to deal __________ reimbursements.
a) about
b) with
c) for

3) The samples were sent __________________ to the hotel.
a) on advance
b) in advance
c) advanced

4) What about transportation _________________ you get there?
a) once
b) twice
c) one

KEY

1) a; 2) b; 3) b; 4) a.

Planning a trip II / Planificación de un viaje II

Traducción.

Tony y Ryan están hablando sobre los detalles del viaje de Ryan a Hong Kong.

Tony: ¿Tienes un momento? Me gustaría hablar contigo de los últimos detalles de tu viaje.

Ryan: ¿Volaremos a Hong Kong sin escalas?

Tony: Fue imposible. Les hice una reserva en clase business en United Airlines a Hong Kong vía Seattle, y desde allí ya es un vuelo directo.

Ryan: ¿Qué tipo de hotel y habitaciones tenemos?

Tony: Se van a quedar en una suite ejecutiva en un hotel de cinco estrellas. Pude subirles de categoría.

Ryan: ¿Qué ocurre con el transporte una vez que lleguemos allí?

Tony: El hotel proporciona auto y conductor cuando se precise.

Ryan: ¿Vamos a tener tarjetas de crédito de la empresa?

Tony: Sí, así podrán pagar por todo, incluyendo las comidas, y no tendrán que ocuparse de los reembolsos.

Ryan: ¿Necesitamos llevar algunas muestras?

Tony: No. Ya nos ocupamos de eso. Las vamos a enviar previamente al hotel. Estarán allí cuando se registren.

Unidad 11

The promotion / El ascenso

En esta sección se practicarán expresiones utilizadas en reuniones de negocios.

Rebecca has been promoted and each member of the team will be affected.

The promotion / El ascenso

En esta sección se practicarán expresiones relacionadas con la consecución de un ascenso laboral.

Rebecca: I have good news! I've been given a promotion, which means a salary increase as well as a relocation. I have been weighing the options carefully and I've concluded that this is an opportunity that I just cannot refuse.

Ryan: That's great, Rebecca. Congratulations! But...what will happen to our team?

Rebecca: Each member will be directly affected.

Tony: Well, you most of all: you'll have more money and power!

Rebecca: Yes, that's one way to look at it. But I'm not happy with how this will affect my personal life. Unfortunately, I won't be able to accompany Ryan on the trip to Hong Kong. One condition of my promotion is that it is effective immediately.

Tony: I sense some resistance to change.

Rebecca: Yes, Tony, sadly you will be taking my place in Hong Kong. Ryan, congratulations! I put in a good word for you and you will succeed me as manager of the group.

Ryan: Rebecca, thank you. I will try and be the kind of manager that brings out the best in the team.

Amy: Wow! Congratulations to you both!

Rebecca: Yes, Amy, of all people I'm sure you are the happiest about this.

Key words and expressions

Aprendamos vocabulario y expresiones relacionadas con la promoción laboral.

to be given a promotion	*ser ascendido / promovido*
salary increase	*aumento de salario*
relocation	*reubicación*
to weigh the options	*sopesar las opciones*
to refuse	*rechazar*
to conclude	*decidir*
unfortunately	*lamentablemente, desgraciadamente*
to put in a good word for someone	*hablar bien de alguien*
to succeed	*suceder*
to bring out the best	*sacar lo mejor*
to accompany	*acompañar*
to take my place	*ocupar mi lugar*

My wife was given a promotion last week.
Mi esposa fue ascendida la semana pasada.

They couldn't refuse that offer.
Ellos no podían rechazar esa oferta.

Would you like to take my place?
¿Te gustaría ocupar mi lugar?

When negotiating it is important to weigh the options.
Cuando se negocia es importante sopesar las opciones.

Unfortunately, she can't accompany me.
Lamentablemente ella no puede acompañarme.

Language in use

En esta sección aprenderemos cómo introducir hechos afortunados y desgraciados.

Expresiones que denotan fortuna y lamento

Para indicar un hecho afortunado normalmente se utilizan las siguientes expresiones a modo de introducción del mismo: "**fortunately**", "**luckily**" o "**happily**", que equivalen a "*afortunadamente*", "*por suerte*" o "*felizmente*".

We had an accident, but, **fortunately**, nobody was injured.
Tuvimos un accidente, pero afortunadamente nadie resultó herido.

I fell down while I was walking and **luckily** there was a passerby who helped me.
Me caí mientras paseaba y afortunadamente hubo un transeúnte que me ayudó.

Happily, all these changes were, on the whole, improvements.
Felizmente, todos estos cambios fueron, en general, mejoras.

Cuando se quiere indicar un hecho desafortunado, éste se introduce con expresiones como "**unfortunately**", "**unluckily**", "**unhappily**" o "**sadly**". Todas ellas son sinónimas y equivalen en español a "*lamentablemente*", "*desgraciadamente*", "*desafortunadamente*" o "*tristemente*".

Unfortunately, I won't be able to accompany you.
Desgraciadamente, no podré acompañarte.

I tried to visit him when I went to Rome, but, **unluckily**, he was on a trip.
Intenté visitarle cuando fui a Roma, pero, desafortunadamente él estaba de viaje.

Tony, **sadly** you will be taking my place in Hong Kong.
Tony, lamentablemente me sustituirás en Hong Kong.

Exercises

Choose the correct option to fill the gaps:

1) Nobody knew you but I __________ a good word for you.
a) told
b) put in
c) spoke

2) If I __________ you __________ me.
a) promote / have succeeded
b) am promoted / will succeed
c) am promoted / had succeeded

KEY
1) b; 2) b.

The promotion / El ascenso

Traducción.

Rebecca ha sido ascendida en el trabajo y cada miembro del equipo se verá afectado.

Rebecca: ¡Tengo buenas noticias! Me han ascendido, lo que significa un aumento de sueldo así como un traslado. He estado sopesando cuidadosamente las opciones y he llegado a la conclusión de que ésta es una oportunidad que sencillamente no puedo rechazar.

Ryan: ¡Es fantástico, Rebecca! ¡Felicitaciones! Pero..., ¿qué ocurrirá con nuestro equipo?

Rebecca: Cada miembro se verá directamente afectado.

Tony: Bueno, usted más que nadie: tendrá más dinero y poder.

Rebecca: Sí, es una forma de mirarlo. Pero no estoy contenta por cómo todo esto afectará a mi vida personal. Desgraciadamente, no podré acompañar a Ryan en el viaje a Hong Kong. Una condición de mi ascenso es que sea efectivo inmediatamente.

Tony: Tengo la sensación de cierta resistencia al cambio.

Rebecca: Sí, Tony, lamentablemente ocuparás mi lugar en Hong Kong. Ryan, ¡felicitaciones! Hablé bien de ti y me sucederás como director del grupo.

Ryan: Rebecca, gracias. Intentaré ser el tipo de director que saca a relucir lo mejor del equipo.

Amy: ¡Guau! ¡Felicitaciones a los dos!

Rebecca: Sí, Amy, estoy segura de que, de todos, eres quien estás más contenta con todo esto.

Unidad 12

The new boss / El nuevo jefe

En esta sección se practicarán expresiones relacionadas con el cambio en el liderazgo.

Ryan's rst steps as the new boss.

The new boss / El nuevo jefe

En esta sección se practicarán expresiones relacionadas con el cambio en el liderazgo.

Ryan: Team, I know that our working environment has changed, but I am very happy with how you all have responded to the transition.

Tony: Well, you are the type of leader that empowers his employees, and that makes us even more effective and efficient.

Amy: Yes, it feels like we are all still teammates and that there isn't an employer/ subordinate relationship.

Rebecca: It's evident that you are all having a very positive reaction to the change, and despite the rescheduling of due dates, have gotten everything done ahead of the Hong Kong Fashion Week in a timely manner. I knew you would be a wonderful boss for this team, Ryan.

Tony: Well, not everything done unfortunately... I have an important prospect that I have been trying to get a meeting with, and the only time they can see me is the week of the fair. I will not be able to travel with Ryan to Hong Kong, but may I suggest Amy go in my place? She is perfectly qualified.

Rebecca: Well, that would mean rescheduling a lot of things. Amy has responsibilities here, don't you Amy? I don't see how she could change plans at the last minute, like this.

Amy: I don't mind changing plans. I have the new product line ahead of schedule now and I am the only other executive in the company who could fill in for Tony. What do you think, Ryan?

Ryan: Well, I'm disappointed you won't be able to accompany me Tony, but this prospect sounds promising and new business is always our priority. Of course Amy is more than qualified to fill in for Tony, so, Amy, make your travel arrangements for Hong Kong and send me the details.

Amy: Right away, Ryan!

Rebecca: Well, that's just perfect.

Ryan: Before I forget, it's that time of year again when we have a compliance overview. I will need you all to review the rules and regulations in the employee handbook ahead of the meeting scheduled for tomorrow morning.

Key words and expressions

Aprendamos más vocabulario y expresiones relacionadas con el entorno laboral.

working environment	*entorno de trabajo*
empowering employees	*fortalecer a los empleados*
reaction to change	*reacción al cambio*
employer / boss / supervisor	*empleador / jefe / supervisor*
employee / subordinate	*empleado / subordinado*
teammate	*compañero de equipo*
relationship	*relación*
to change plans	*cambiar de planes*
rescheduling	*reprogramación*
ahead of schedule	*antes de lo previsto / programado*
disappointed	*desilusionado, defraudado*
to fill in for	*sustituir a*
to get things done	*tener las cosas hechas*
handbook	*manual*

Is she a trustworthy employee?
¿Es una empleada de confianza?

We have a new employee handbook.
Tenemos un nuevo manual del empleado.

Please, read the rules and regulations.
Por favor, lean las reglas y normativas.

I have worked under many different types of leadership.
He trabajado bajo muchos tipos diferentes de liderazgo.

Language in use

En esta sección aprenderemos cómo mostrar contraste o contraposición.

Uso de "despite", "in spite of" y "although"

Para mostrar contraste entre dos acciones usamos "**despite**", "**in spite of**" y "**although**", aunque existen diferencias en las estructuras que se utilizan con ellas. Así:

Tras "**in spite of**" y "**despite**" (*a pesar de*) se usa un nombre o pronombre.	We had everything done **despite** the rescheduling of due dates. *Teníamos todo hecho a pesar de la reprogramación de plazos.* They enjoyed the walk **in spite of** the wind. *Ellos disfrutaron del paseo a pesar del viento.*
En cambio "**although**" (*aunque*) acompaña a un sujeto y un verbo.	**Although** he had been working hard for years, he wasn't promoted. *Aunque él había estado trabajando duro durante años, no lo ascendieron.*
"**In spite of**" y "**despite**" pueden preceder a un sujeto y un verbo si usamos la estructura "the fact that" (*el hecho de*).	**Despite the fact that** she was looking for a job, she couldn't find one. *A pesar de que ella estuvo buscando trabajo, no pudo encontrarlo.*
Una forma enfática de "**although**" es "**even though**".	We decided to go on vacation **even though** we didn't have much money. *Nosotros decidimos ir de vacaciones aunque no teníamos mucho dinero.*

Exercises

Choose the correct option to fill the gaps:

1) The boss was very disappointed __________ of the good sales figures.
a) although
b) in spite
c) despite

2) ______________ Ryan is going on a trip, Tony will not accompany him.
a) Although
b) In spite of
c) Despite

KEY

1) b; 2) a.

Los primeros pasos de Ryan como nuevo jefe.

The new boss / El nuevo jefe

Traducción.

Ryan: Equipo, sé que nuestro ambiente de trabajo ha cambiado, pero estoy muy contento de cómo todos han respondido a la transición.

Tony: Bueno, eres es el tipo de jefe que fortalece a sus empleados y nos hace más eficaces y eficientes.

Amy: Sí, parece como si aún fuéramos compañeros del equipo y no hubiera una relación empleador/subordinado.

Rebecca: Bueno, es evidente que todos están teniendo una buena reacción al cambio, y, a pesar de la reprogramación de plazos, han tenido todo hecho puntualmente antes de "La Semana de la Moda de Hong Kong". Sabía que serías un jefe estupendo para este equipo, Ryan.

Tony: Bueno, no todo hecho, desgraciadamente... Tengo una expectativa importante con personas con quienes he estado intentando tener una reunión, y el único momento en que pueden verme es en la semana de la feria. No podré viajar con Ryan a Hong Kong, pero, ¿puedo sugerir que Amy vaya en mi lugar? Ella está perfectamente cualificada.

Rebecca: Bueno, eso significaría reprogramar muchas cosas. Amy tiene responsabilidades aquí, ¿verdad, Amy? No sé cómo ella podría cambiar los planes en el último minuto, como ahora.

Amy: No me importa cambiar los planes. Tengo la nueva línea de productos preparada antes de tiempo y soy la única otra ejecutiva de la empresa que podría sustituir a Tony. ¿Qué piensas, Ryan?

Ryan: Bueno, me desilusiona que no puedas acompañarme, Tony, pero esta expectativa parece prometedora y un nuevo negocio es siempre nuestra prioridad. Por supuesto que Amy está más que cualificada para sustituir a Tony, por lo que, Amy, haz tus planes de viaje para Hong Kong y envíame los detalles.

Amy: ¡Inmediatamente, Ryan!

Rebecca: Bueno, eso es sencillamente perfecto.

Ryan: Antes de que me olvide, estamos de nuevo en esa época del año en la que tenemos una revisión del cumplimiento. Necesito que todos ustedes revisen las normas y reglamento en el manual del empleado antes de la reunión programada para mañana por la mañana.

Unidad 13

When in Hong Kong / En Hong Kong

En esta sección se practicarán expresiones relacionadas con el aprendizaje de nuevas culturas.

Ryan and Amy are talking about how important to understand a different culture is.

When in Hong Kong / En Hong Kong

En esta sección se practicarán expresiones relacionadas con el aprendizaje de nuevas culturas.

Ryan: So what do you think about Hong Kong so far?

Amy: Well, culturally it is very different. The working environment can be challenging, but I love the diversity and the chance to develop interpersonal relationships with people from different cultures.

Ryan: Yes, I agree. It is very important that we work to understand the culture and develop good working relationships with our colleagues here. We have key negotiations this week and we need to achieve our objectives.

Amy: Of course. I have read some books that suggested useful tips, like the importance of networking. The bulk of the work for a good negotiator can be done before even sitting down to the table.

Ryan: Yes, open and effective communication is what opens doors. I also brought a few books that we could look at together regarding customs and some key words and phrases to help us get around Hong Kong.

Amy: Great! I would love to review them with you. I think we both understand the importance of networking while we are here, and that would be more difficult if we didn't understand some of the language and customs.

Ryan: If we put in this effort, I believe we will make a great team and will succeed in this week's negotiations. Going the extra mile to understand the culture and the people could be our key to success.

Key words and expressions

Aprendamos vocabulario y expresiones relacionadas con el establecimiento de contactos y negociaciones.

challenging	*exigente, desafiante*
so far	*hasta ahora, hasta el momento*
the chance to	*la oportunidad de*
interpersonal relationship	*relación interpersonal*
key negotiations	*negociaciones importantes / clave*
to achieve	*conseguir, lograr*
useful tips	*consejos útiles*
the bulk of	*la mayor parte de, el grueso de*
negotiator	*negociador*
regarding	*sobre, en relación con*
customs	*costumbres*
to get around	*moverse por*
networking	*establecer contactos*
to succeed	*tener éxito*
the key to success	*la clave del éxito*

Do you understand the importance of networking?
¿Comprendes la importancia de establecer contactos?

We had the chance to meet each other.
Tuvimos la oportunidad de conocernos.

We are opening new doors with this project.
Estamos abriendo nuevas puertas con este proyecto.

My boss is a very good negotiator.
Mi jefe es un negociador muy bueno.

I will do the bulk of the work next week.
Haré la mayor parte del trabajo la próxima semana.

Language in use

En esta sección se practicará cómo expresar condiciones y resultados.

Las oraciones condicionales se utilizan para expresar una condición y un resultado. Hay diversos tipos de oraciones condicionales. Así:

1° tipo

La condición es factible y el resultado muy probable. Se trata de una situación real. Para ello se usa el presente en la condición y el futuro en el resultado, que pueden aparecer de forma afirmativa, negativa o interrogativa.

If we **don't exchange** ideas we **won't come** to an agreement.
Si no intercambiamos ideas no llegaremos a un acuerdo.

If I **study** conditionals, I **will speak** better.
Si estudio las condicionales hablaré mejor.

Will you invite Sarah if she **is** free tomorrow?
¿Invitarás a Sarah si ella está libre mañana?

2° tipo

Se usa para situaciones hipotéticas. En este caso se usa el pasado en la condición y el condicional en el resultado, y también pueden aparecer de forma afirmativa, negativa o interrogativa.

If you **were** fired, what **would** you **do**?
Si te despidieran del trabajo, ¿qué harías?

We **wouldn't succeed** if we **didn't make** an effort.
No tendríamos éxito si no hiciéramos un esfuerzo.

If I **had** more money I'**d buy** a new computer.
Si tuviera más dinero compraría una computadora nueva.

Exercises

Choose the correct option to fill the gaps:

1) If we got up earlier we __________ do more things.
a) could
b) will
c) don't

2) What ______________ you do if it ________________ .
a) would / will rain
b) did / rains
c) will / rains

3) If Rebecca ______________ rich, ____________ you be surprised?
a) become / would
b) became / can
c) becomes / will

4) Effective communication is _________________ opens doors.
a) which
b) what
c) that

KEY

1) a; 2) c; 3) c; 4) b.

When in Hong Kong / En Hong Kong

Traducción.

Ryan y Amy están hablando de lo importante que es comprender una cultura diferente.

Ryan: Entonces, ¿qué piensas de Hong Kong hasta el momento?

Amy: Bueno, culturalmente es muy diferente. El ambiente de trabajo puede resultar exigente, pero me gusta la diversidad y la oportunidad de desarrollar relaciones interpersonales con gente de diferentes culturas.

Ryan: Sí, estoy de acuerdo. Es muy importante que trabajemos para comprender la cultura y desarrollar buenas relaciones laborales con nuestros colegas aquí. Tenemos negociaciones muy importantes esta semana y necesitamos lograr nuestros objetivos.

Amy: Por supuesto. He leído algunos libros que sugerían consejos útiles, como la importancia de establecer contactos sociales. La mayor parte del trabajo para un buen negociador puede hacerse antes incluso de sentarse a la mesa.

Ryan: Sí, la comunicación abierta y efectiva es lo que abre puertas. También he traído unos libros que podríamos hojear juntos acerca de las costumbres y algunas palabras y frases clave para ayudarnos a movernos por Hong Kong.

Amy: ¡Fantástico! Me encantaría verlos contigo. Creo que ambos entendemos la importancia de establecer contactos sociales mientras estamos aquí y que sería más difícil si no comprendiéramos algo de la lengua y las costumbres.

Ryan: Si hacemos este esfuerzo creo que formaremos un gran equipo y tendremos éxito en las negociaciones de esta semana. Dar un paso más para comprender la cultura y a la gente podría ser nuestra clave para el éxito.

Unidad 14

International Fair / Feria Internacional

En esta sección se practicarán expresiones relacionadas con la preparación de una negociación.

Ryan and Amy are about to review their negotiating tactics before a business meeting.

International Fair / Feria Internacional

En esta sección se practicarán expresiones relacionadas con la preparación de una negociación.

Ryan: It's time to go over our business strategy and review some key negotiating tactics before Fashion Week officially begins.

Amy: I agree. It is good that we have had a lot of preparation and that our planning and developing finished ahead of schedule. Now it's make it or break it time.

Ryan: Yes, at this point it is normal to feel under pressure, and being here is a big responsibility. But I am confident you are ready, and big business opportunities will develop this week. I am sure.

Amy: Well, you have helped me along and I wouldn't be where I am today if you hadn't supported me, especially with Rebecca. My self-esteem is a lot higher since you have taken over the team, and it is an honor to be at this type of an important convention for the company.

Ryan: Well, we have both taken carefully calculated steps to get where we are, and now we need to take advantage of all of the opportunities that these types of important fairs and conventions can provide.

Amy: Yes, I will emphasize all that we have to offer with the clients at all times. Now shall we review our key negotiating tactics before the first meeting?

Key words and expressions

Continuemos aprendiendo vocabulario y expresiones relacionadas con una negociación.

to go over	*revisar, analizar*
business strategy	*estrategia de negocios*
negotiating tactics	*táctica negociadora*
planning and developing	*planificación y desarrollo*
make it or break it time	*el momento crucial*
nervousness	*nerviosismo*
a big responsibility	*una gran responsabilidad*
to be under pressure	*estar bajo presión*
to take calculated steps	*dar pasos calculados*
to support	*apoyar*
self-esteem	*autoestima*
to emphasize	*destacar, enfatizar*
convention	*convención*
to take advantage of	*aprovechar*

We are under a lot of pressure this month.
Estamos bajo mucha presión este mes.

I've been having a lot of anxiety lately.
He tenido mucha ansiedad últimamente.

This project requires a lot of preparation.
Este proyecto requiere mucha preparación.

We are looking into new business opportunities.
Estamos buscando nuevas oportunidades de negocio.

Language in use

En esta sección practicaremos cómo expresar un resultado posible.

Hay casos en los que se expresan ideas o situaciones imposibles puesto que hacen referencia al pasado, y éste, obviamente no puede ser diferente a lo que fue. Para ello se hace uso de "**would have + participio**" o "**would have been + gerundio**".

I **would have visited** the Statue of Liberty.
Yo habría visitado la Estatua de la Libertad (pero no lo hice).

They **would have been talking** about that business opportunity.
Ellos habrían estado hablando de esa oportunidad de negocio (pero no lo hicieron).

Estas estructuras forman parte de las siguientes oraciones condicionales:

3° tipo

Es el utilizado para situaciones imposibles, pues ya nada puede hacer cambiar lo que sucedió en el pasado. Se trata de una hipótesis irreal, donde la condición se expresa con el "past perfect simple" (had + participio) y el resultado, con el condicional perfecto (would have + participio / would have been + gerundio).

If she **had worked** more, she **would have saved** more money.
Si ella hubiera trabajado más, habría ahorrado más dinero.

I **wouldn't have achieved** this goal if you all **hadn't supported** me.
No habría conseguido este objetivo si todos ustedes no me hubieran ayudado.

Exercises

Choose the correct option to fill the gaps:

1) Thank you very much for helping me ________________.
a) along
b) out
c) above

2) We have ________________ calculated steps to get where we are.
a) given
b) taken
c) done

3) The meeting ____________ if John hadn't arrived at the last moment.
a) would have been called off
b) will have been called off
c) called off

4) Well, if they ____________ us an offer, we ____________________ it.
a) made / would have accepted
b) had made / would accept
c) had made / wouldn't have accepted

KEY

1) a; 2) b; 3) a; 4) c.

International Fair / Feria Internacional

Traducción.

Ryan y Amy están a punto de revisar sus tácticas negociadoras antes de una reunión de negocios.

Ryan: Es hora de repasar nuestra estrategia de negocios y revisar alguna táctica negociadora importante antes de que se inaugure oficialmente "La Semana de la Moda".

Amy: Estoy de acuerdo. Es bueno que hayamos tenido mucha preparación y que nuestra planificación y desarrollo concluyera antes de lo programado. Ahora es el momento crucial.

Ryan: Sí, en este punto es normal sentirse bajo presión, y estar aquí es una gran responsabilidad. Estoy seguro de que estás preparada y de que se van a desarrollar grandes oportunidades de negocio esta semana. Estoy convencido.

Amy: Bueno, me has ayudado y yo no estaría aquí hoy si no me hubieras apoyado, especialmente con Rebecca. Tengo mucha más autoestima desde que has tomado el mando del equipo y es un honor estar en este tipo de convenciones tan importantes para la empresa.

Ryan: Bueno, los dos hemos dado pasos cuidadosamente calculados para llegar hasta aquí y ahora tenemos que aprovechar todas las oportunidades que pueden ofrecer estos tipos de ferias y convenciones importantes.

Amy: Sí, en todo momento haré hincapié en todo lo que tenemos que ofrecer a los clientes. Ahora, ¿qué tal si revisamos nuestra táctica negociadora clave antes de la primera reunión?

Unidad 15

A big surprise / Una gran sorpresa

En esta sección se practicarán expresiones relacionadas con una celebración.

A big surprise / Una gran sorpresa

En esta sección se practicarán expresiones relacionadas con una celebración.

Ryan: I have very good news both professionally and personally!

Tony: Did we meet and exceed expectations at the fair?

Ryan: Not only did we raise the bar at Fashion Week for the company, but also Amy impressed everyone with the new product line. She is now ranked the top designer at Fashion Week and won a scholarship to study in London!

Amy: I couldn't have done it alone. Everyone did such an outstanding job these last few months.

Tony: Amy, congratulations! I knew you were talented! And your presentation must have left a great impression.

Ryan: Amy is one of our company's most valuable assets. But that's not the only thing that successfully developed in Hong Kong.

Amy: Yes, we have some personal news to share with everyone. Ryan proposed to me in Hong Kong, and I accepted! We are celebrating our engagement.

Tony: This is amazing news! Have you set the date for the wedding?

Ryan: Next year. We have a lot to coordinate with work and Amy will take a leave of absence to study in London. We finally have our happy ending. And Tony, we have you to thank for sending us to Hong Kong together!

Key words and expressions

Practiquemos a continuación vocabulario y expresiones al realizar la valoración de algún evento.

to meet expectations	*cumplir las expectativas*
to exceed expectations	*superar las expectativas*
to impress	*impresionar*
to rank	*catalogar, clasificar*
scholarship	*beca*
outstanding	*destacado, excepcional*
company assets	*activos de la empresa*
to be talented	*tener talento*
to propose to someone	*proponer matrimonio a alguien*
engagement	*compromiso*
to take a leave of absence	*tener un permiso para ausentarse*
happy ending	*final feliz*

You did an outstanding job yesterday.
Hiciste un trabajo sobresaliente ayer.

We met expectations at the fair but we couldn't exceed them.
Cumplimos las expectativas en la feria pero no pudimos superarlas.

I have good news for you!
Tengo buenas noticias para ti!

I'd like to get a scholarship to study in the USA.
Me gustaría conseguir una beca para estudiar en los EEUU.

Language in use

En esta sección aprenderemos cómo expresar acciones paralelas evitando ambigüedades.

Uso de la expresión "Not only ... but also" para expresar paralelismo.

Cuando se quiera expresar paralelismo entre diferentes partes de una frase, usar la expresión "**Not only ... but (also)**" puede aportar más claridad, énfasis y formalismo, así como evitar ambigüedad. Esta expresión se completa usando el auxiliar correspondiente tras "only", seguido del sujeto, verbo y demás complementos de la frase.

Not only is that street isolated, **but also** dangerous.
No sólo es solitaria esa calle, sino también peligrosa.

Not only did we raise the bar at the fair, **but also** Amy impressed everybody.
No sólo superamos las expectativas en la feria, sino que Amy impresionó a todos.

Not only was he rich, **but also** attractive.
No sólo era rico, sino también atractivo.

Not only do we have a meeting today, **but also** a conference in the evening.
No solo tenemos una reunión hoy, sino también una conferencia por la noche.

Exercises

Choose the correct option to fill the gaps:

1) Not only __________ he have a new computer, but also a new car.
a) has
b) do
c) does

2) My brother proposed __________ his girlfriend last week.
a) at
b) for
c) to

3) Thank you all for ____________________ me.
a) to help
b) help
c) helping

4) She could ____________________ it by herself.
a) does
b) have done
c) done

KEY

1) c; 2) c; 3) c; 4) b.

A big surprise / Una gran sorpresa

Traducción.

Ryan: ¡Tengo muy buenas noticias profesionales y personales!

Tony: ¿Cumplimos y superamos las expectativas en la feria?

Ryan: No sólo superamos las expectativas en "La Semana de la Moda" para la empresa, sino que además Amy impresionó a todos con la nueva línea de productos. Ahora está considerada como la diseñadora número uno de "La Semana de la Moda", ¡y ha obtenido una beca para estudiar en Londres!

Amy: No podría haberlo hecho sola. Todos hicimos un trabajo excepcional estos últimos meses.

Tony: ¡Amy, felicitaciones! ¡Sabía que tenías talento! Y tu presentación debe haber dejado una gran impresión.

Ryan: Amy es uno de los activos más valiosos de la empresa. Pero eso no es lo único que se desarrolló con éxito en Hong Kong.

Amy: Sí, tenemos una noticia personal que compartir con todos. ¡Ryan me propuso matrimonio en Hong Kong, y yo acepté! Estamos celebrando nuestro compromiso.

Tony: ¡Es una noticia sorprendente! ¿Han puesto fecha para la boda?

Ryan: El año que viene. Tenemos mucho que coordinar con el trabajo y Amy tendrá un permiso para estudiar en Londres. Finalmente tuvimos nuestro final feliz.
Y Tony, tenemos que darte las gracias por enviarnos a Hong Kong juntos.

TÍTULOS DE INGLÉS MARIA GARCÍA

INGLÉS DE UNA VEZ

APRENDE INGLÉS DEPRISA

1000 PALABRAS CLAVE

INGLÉS MÓVIL

100 CLASES PARA DOMINAR EL INGLÉS

~•~

EL DESAFÍO DEL INGLÉS

INGLÉS SMS

CIUDADANÍA AMERICANA

PRONUNCIACIÓN FÁCIL:
LAS 134 REGLAS DEL INGLÉS AMERICANO

INGLÉS PARA HACER AMIGOS

~•~

INGLÉS PARA REDES SOCIALES

INGLÉS EN LA ESCUELA

INGLÉS PARA PACIENTES

HABLA SIN ACENTO

INGLÉS DE NEGOCIOS

~•~

INGLÉS PARA VIAJAR

INGLÉS PARA EL AUTO

APRENDE INGLÉS CON LOS FAMOSOS

Notas

Notas

Notas

Notas

CPSIA information can be obtained
at www.ICGtesting.com
Printed in the USA
LVHW051912180620
658460LV00009B/735

9 781681 656342